시조집

이협우
지음

단시조를 엮으며

    복잡하고 긴 시를 읽으며 종종 이해의 벽을 느꼈기에, 시가 주는 순수한 감동을 많은 분과 나누고 싶었습니다. 그래서 난해한 시어를 모두 걷어내고 가장 기본적인 낱말로 마음을 표현했습니다. 누구나 쉽게 읽고 공감할 수 있도록, 그리고 짧고 정갈한 형식인 단시조만을 골라 엮었습니다.

  이 작은 시들이 여러분의 마음에 편안히 가닿기를 바랍니다.

2025년 10월
가을 끝자락에 **이협우** 올림

취백 이협우 _i

차 례

i 단시조를 엮으며	22 가을 같은 사랑
1 판넬지붕	23 불국사의 가을
2 22년 3월 초순	24 인품
3 우는 소리	25 나의 벗이여!
4 나의 절친	26 버릴 수 없는 너
6 노년의 표정	27 수도 없는 맹세
7 호랑이 꼬리	28 시골
8 기다리던 봄비 2	29 시들어도
9 관절 손상	30 갈수록 더워지네
10 어린 시절	31 뜨거운 구월
11 노욕	32 끊어진 인연
12 무리하지 마세요	33 텃밭
13 차례 차례	34 위험한 세상
14 12월 중순 부터	35 둥글둥글 인생
15 틀림 없는 할배	36 사랑은 줘야 오고
16 러시아 전쟁	37 너무 좋더라
17 절친	38 오래된 추억
18 그리움	39 무궁화
19 기계 서숲	40 능소화
20 친구여!	41 밝은 모습
21 웃는 얼굴	42 구름 같은 인생

가을녘의 단상

43	모범생	63	관찰과 발견
44	빗소리	64	사람 꽃
45	손녀들의 목소리	65	기다리던 봄비
46	처음 보는 순간	66	진짜 꽃은 사람
47	행복은 사랑 속에	67	끝판
48	또 한 살	68	장맛비
49	인품	69	만족
50	세월 그네	70	행복
51	본보기	71	추억
52	끊어진 인연	72	묵은 사랑
53	관상	73	외딴 시골집
54	나만 이런가!	74	동물과 사람
55	자동문	75	떨어진 동백
56	가뭄 해갈	76	골프 공
57	부부의 사랑	77	사랑 시
58	그 모습	78	뭐든 하나만
59	콩깍지	79	행복
60	좋은 사람	80	나이테
61	예전엔	81	버릇
62	상춘의 꿈	82	세월이 약인 것을

차 례

83 무언의 소통
84 시골 생활
85 갈바람
86 노을에 젖어
87 가을 장미
88 자랑
89 즐거움 연구
90 입춘
91 박물관
92 별 나라
93 어린 손주
94 오학년 손자
95 노년의 행복은
96 참회의 삶
97 꽃의 매력
98 봄아 봄아!
99 매꽃은 웃는데
100 아련한 추억
101 꿈같은 일
102 어진 사람

103 경주 남산 돌 부처
104 아름다운 세상
105 내 고향 맑은 물
106 길기않은 삶
107 늙지 않는 장미
108 고맙소
109 긴 나이
110 낙심
111 나홀로 일터
112 부부가 절친으로
113 백년해로
114 사십 중반의 포효
115 희망의 시
116 어디에 놔 뒀지
117 위장이 하는 말
118 호랑이 꼬리
119 서울 여행 기차에서
120 은은한 기쁨
121 봄은 왔건만
122 자연 미인 울 며늘이

판넬지붕

풀밭에 내렸으면
얼굴도 볼 수 없고

영원한 이별인데
판넬위에 만나서

좋다고 조잘 대는 소리
님 찾은 듯한 소리

도시에 내렸으면
얼굴도 볼 수 없고
어둡고 냄새나는
하수도로 갈 텐데
판넬은 짝궁을 만난 듯
소리가 감미롭네

22년 3월 초순

판넬집 지붕 위를
요란스레 두드리며

밤 새도록 오는 비야
여기는 되었으니

울진을 삼키고 있는
저 산불 좀 꺼 다오

우는 소리

내 다리 건강할 땐
보지를 못했는데

칠십을 넘긴 듯한
연배들은 거지반

나처럼 절뚝거리며
속으로 우는구나

나의 절친

얼굴이 자그마한
사랑스런 예쁜이

낮에도 같이 있고
밤에도 같이 있고

절친인 넌 만물 박사
소중한 내 핸드폰

휴대폰/이협

화 한번 내지 않는
자그마한 내 친구

무엇을 물어 봐도
밤낮 없이 알려주는

그대는 나의 선생이요
사랑스런 벗이야

노년의 표정

노을진 서산 아래
서성이는 신세여

비맞은 돌 부처의
미소띤 얼굴처럼

내 상한 얼굴이지만
그 표정 닮고 싶소

호랑이 꼬리

호미곶 십오만 평
노오란 유채꽃밭

관광객들 와!와아!
감탄하는 목소리

푸르른 바다와 노란 바다
가슴 뛰게 하더라

기다리던 봄비 2

판넬집 지붕 위로
토닥토닥 걸어 오네

봄비가 모란 보려
밤 새도록 걸어 오네

울진을 삼키는 화마
산불도 꺼 줬으면

관절 손상

칠십을 넘어서니
적신호가 켜지네

대부분 사람들이
다리를 절뚝절뚝

내 다리 건강했을 땐
보지를 못 했는데...

어린 시절

또드락 또오드락
판넬집 봄비 소리

호롱불 춥던 시절
새벽녘 육 남매가

엄마와 이불 밑에서
조잘 대던 소리로

노욕

그럴듯한 무엇을
남기고픈 욕심에

돌담을 높이 쌓아
분수를 만들었더니

허리에 통증이 와서
절뚝이가 되었네

무리하지 마세요

칠십을 넘겨 보니
척추의 변형으로
모두들 불편한 듯
걸음을 절둑 절둑
건강할 땐 못 봤는데
처량하게 보이네

차례 차례

아카시아 온 산천
흐드러지게 피고

뻐꾹새와 비둘기
울어대는 시골 풍경

모두가 그대로인데
어른들만 가고 없네

12월 중순 부터

철없는 겨울 비가
며칠로 쏟아 붓네

비라서 다행이다
벌써 봄이 오려나

아뿔사 한파가 오고
폭설에 난리 났네

틀림 없는 할배

어느새 늙었는지
따끈한 바닥에다

허리와 골반 쪽을
이리저리 지지니

젊을 땐 뜨거워 죽는데
시원해서 죽겠네

러시아 전쟁

꿈에서 도망치다
침대서 떨어졌다

돼지가 떨어지듯
투닥딱 아이고야!

온 몸이 결리고 아프다
잔인한 인질 꿈에

절친

뭐든지 받아주는
소중한 나의 친구

낮에도 붙어있고
밤에도 붙어있고

기쁨과 슬픔을 나누는
절친 같은 핸드폰

그리움

늦은 가을 가랑비
낙엽에 속삭이니

그리운 그 목소리
귓전에 맴을 돌고

사르르
감기는 두 눈에
빗물 되어 흐른다

기계 서숲

오백년 가꿔왔던
도원문중 서숲에

색소폰 드럼 소리
사람도 시끌벅적

별나라 조상님들도
좋아라 웃으시네

친구여!

가을이
저만치서
손들고 인사하네

내년에
또 올테니
건강히 지내라고

우리 꼭
아프지 말고
저 가을 또 만나세

웃는 얼굴

멀리까지 왔으니
웃는 듯한 얼굴로

너그럽고 순하게
착한 척 살아야지

생각만 그렇게 할 뿐
실천은 별 따기네

가을 같은 사랑

구십을 넘은 듯한
노부부 손 꼭잡고

불국사의 가을을
즐기시는 모습이

단풍잎 보다 더 곱고
아름다워 보이네

불국사의 가을

강풍이 몰아치는
보문의 단풍잎은

비참히도 짓밟힐 때
불국사의 꽃단풍은

춤추고 노래 하듯이
살랑살랑 웃고 있네

인품

모습이 순수하고
인품이 있어 뵈는

멋스러운 분들은
봐도 또 보고 싶은

긴 시간 지워지지 않는
여운을 남기더라

나의 벗이여!

미래를 알 수 없는
3막 인생 인 것을

하루하루 새롭게
즐겁게 살면 되지

그 무슨 미련 때문에
꼭 쥐려 애쓰는고

버릴 수 없는 너

신발장 반들반들
새것 같은 하이힐

작년에도 올해도
늘 그자리 거기네

주인이 칠십이 넘어
운동화만 탄다네

수도 없는 맹세

나를 잡는 알콜이
비웃음을 짓는다

꿀 빠듯 퍼마시고
허바리 짓을 하는

똘아이 지정머리를
아직 하고 있다고

시골

가을이 아름답듯
촌노의 가을 역시

노을진 이웃들과
술 한잔 앞에 놓고

인생을 그리노라면
모두 단풍 빛이네

시들어도

속 마음은
아직도
빠알간 꽃이건만

껍데기가
시들어
축 처져 있는 것을

젊을 땐
몰랐던 것이
늙어지니 알겠네

갈수록 더워지네

여름날
정수리를
태울 듯 위세 떨던

도도한
불덩이를
무릎 꿇게 하는 건

한가위
추석이었지만
갈수록 더 덥다네

뜨거운 구월

가로수
아래 놀던
성급한 바람쟁이

또독또독
또독또독
천사의 힐을 신고

온종일
기다린 임은
가을바람이었네

끊어진 인연

오래된 인연이라
새까맣게 타버린

숯인 줄 알았는데
가끔씩 몽글몽글

연기로 피어 나지만
길 없는 황무지네

텃밭

쥐어뜯고 김매던
텃밭에 잡초들도

가을이면 꽃처럼
고운 감잎 단풍도

앞으로 몇 번쯤이나
더 볼 수가 있을꼬

위험한 세상

하늘에는 때때로
흙탕 물 쏟아지고

바다에는 소금물
끝 없이 밀려 오고

육지엔 자동차들이
강물처럼 흐르고

둥글둥글 인생

조금 남은 여행길
따져서 뭣하겠소

즐겁게 사는것이
제일이 아닐까요

세월은 인정 사정 없이
앞만 보고 가는데

사랑은 줘야 오고

줬다가 받았다가
재밌게 밀당하며

살아가는 사람은
표정도 밝아지고

하는 일 저절로 되어
웃음 가득하더라

너무 좋더라

화악산 삼일계곡
동생네 행복 쉼터

집 축대 밑 계곡물에
더위 없는 여유 생활

맑은 물 흔한 물고기
안주꺼리 일 없네

오래된 추억

두 번째 만났던 날
가슴이 두근거려

밤잠을 설쳤는데
낮에 마신 커피로

가슴이 두근 거리니
그 때가 떠 오르네

무궁화

여름내내 피는 꽃
꽃중의 꽃이건만

곳곳에 없는 것이
아쉽고 안타깝네

일본 꽃 벚꽃보다 더
많았으면 좋겠네

능소화

내일모레 칠순인
그사람 창문 앞에

예쁜 소화 아가씨들
축하하러 왔구나!

그동안
수고 했다고
여생 건강하라고

밝은 모습

사랑 먹은 꽃 되어
향기가 몽글몽글

아지랑이 피어나는
몽돌위의 봄처럼

마음을 포근히 데워
웃음꽃 피우더라

구름 같은 인생

꿈속에 날아보려
달리다 넘어지니

청춘은 간 곳 없고
노을이 웃고있네

곱게도 물이 든 노을
그 눈물 덕분일세

모범생

일흔 넘은 모범생
거짓 없이 살더니

아들과 며느리와
두 딸 사위 손주 여덟

모두의 사랑을 받고
빛고운 단풍 같네

빗소리

풀 밭에 내렸으면
얼굴도 볼 수 없고

기약 없는 이별인데
판넬지붕에 내려

좋아라 조잘거리는
소리 참 아름답네

손녀들의 목소리

초등교 일이 학년
이종간의 손녀가

밤새도록 소곤소곤
호호하하 킥킥 데는

귀여운 천사들 목소리
음악보다 더 낫네

처음 보는 순간

눈이 딱 마주칠 때
얼굴이 붉어지면

천생연분이라며
놓치지 말라 하던

선배의 조언이었는데
요즘은 아닌걸까

행복은 사랑 속에

고난의 맛을 보고
인생 삼막 돼서야

행복은 사랑 속에
있음을 알았습니다

행복이 쉬이 오는 것은
설대 아니 더이다

또 한 살

제야의 종소리를
젊을 땐 꼭 봤는데

바빠서 못 본지가
수 십년 되었지만

한해가 이토록 짧은 건
칠십 평생 처음일세

인품

늙어도 좋은 점은
본받고 살아야지

자만에 빠져 살면
늙어가는 것이고

느끼고 깨닫는다면
익는 것이겠지요

세월 그네

세월은 사람들을
자동그네 태워놓고

끝없이 왔다 갔다
누구는 짧게 하고

누구는 길게 태워주고
난 어디쯤 내리려나

본보기

기본적인 양심과
예의를 뒤로하면

철없는 자녀들은
본 것이 그것이라

앞으로 살아 가려면
많은 힘이 들텐데

끊어진 인연

더 가면 잊히려나
내 옆에 있다 해도

옛날 모습 뿐인데
알 수가 있으려나

어디서 살고 있는지
어떻게 늙었을까

관상

말을 하지 않아도
얼굴만 보면 안다

가슴에 숨긴 것도
이마에 쓰여 있다

늙어서 모른 척 할 뿐
모든 것이 보인다

나만 이런가!

택배 도착 했다는
알림이 들어온다

뭣을 주문 했는지
아무리 생각해도

기억이 나지 않으니
걱정이 앞선다

자동문

애주가는 대부분
입 문이 무거워서

꾹 잠그고 있다가
술 자리에 앉거나

술잔이 앞에 놓이면
자동으로 열린다

가뭄 해갈

기다리던 금비가
밤 낮으로 내리니

농민들 애타던 맘
임을 본 듯 반갑고

채소와 과수목들의
환호 소리 힘차네

부부의 사랑

행복하기 위해선
사랑이 필요하다

행복의 조건이며
행복의 근원이다

사랑은 관심과 믿음을
사랑하며 살더라

그 모습

그대를 처음 본 날
설레여 잠 못 잤네

가슴이 두근두근
이리뒤척 저리뒤척

그 얼굴 다 못 그리고
날이 새어 버렸네

콩깍지

비단결 고운 모란
노란 분을 바르고

수줍게 물어 본다
나처럼 예뻤냐고

꽁깍지 덮어썼는지
그렇게 보이더라

좋은 사람

내가 참 복이 많네
저 사람을 만난 건

보통 복이 아니라
행운아 복이었네

사위와 며느리 손주도
네 엄마의 덕분에

예전엔

우산이 귀한 시절
오늘처럼 봄비에

난 오른쪽 다리가
그쪽은 왼다리가

빗물에 흠벅 젖었는데
세상 참 풍요롭네

상춘의 꿈

갓 소한이 지나고
한창 추울 세밑인데

눈 아닌 봄비처럼
보슬비가 보슬보슬

올봄엔 분내음 나는
꽃 구경 가야겠네

관찰과 발견

사랑스런 자식들
신나게 살기위해

남 따라 하지 말고
소질을 개발하여

적성에 맞는 일 하며
살도록 키워 볼걸

사람 꽃

사람은 꽃보다 더
아름다운 꽃이요

지지 않는 예쁜 꽃
그대의 고운 따님

자부님 예쁜 손녀들
어머니도 꽃이였네

기다리던 봄비

판넬집 지붕 위로
토닥토닥 걸어 오네

봄비가 꽃 피우려
밤 새도록 걸어 오네

모든 것 삼키고 있는
산불도 꺼 줬으면

진짜 꽃은 사람

사람은 꽃보다도
훨씬 더 아름다운

진짜 꽃이 아닐까
당신의 고운 따님

자부님 예쁜 손녀들
그리고 어머님도

끝판

봄 가을 좋다 말고
여름도 좋아 하고

겨울도 좋아 하는
전천후 인생으로

즐기며 재밌게 살자
조금 남은 판인데

장맛비

간밤엔 밤 새도록
식솔들 물을 주고

낮엔 빛을 주고 간
올봄 비는 엄마 비

만취 돼 악마로 변한
홍수 비는 뉘일꼬

만족

볼 수도 들을 수도
걸을 수도 있으며

잠을 잘 집도 있고
자유로운 운전과

여행도 할 수 있으니
더 바랄 것이 없네

행복

다행히 우리집은
잔소리가 없으니

짜증날 일이 없고
스트레스가 없다

행복이 별것있는가
이러면 행복이네

추억

추억은 만월처럼
졌다가 떠오르고

졌다가 떠오르는
한 평생 지지 않는

두둥실 구름 위에 뜬
꽃달 같은 것이네

묵은 사랑

파리 모기 해충들
우글우글 거리는

더운 날 푸름보다
파아란 하늘 아래

잎 고운 가을날 같은
그대가 더 좋더라

외딴 시골집

절망적인 삶에서
식당이라 써놓고

청결하게 양심껏
요리 한지 삼십 년

손님이 신기해 하며
줄을 지어 오더라

동물과 사람

짐승들은 의리와
도덕을 모르니까
동물이라 부르고

인간은 예의 있고
도덕을 중요시하니
사람이라 부르네

떨어진 동백

집 나온 동백이야
어찌해서 너히는

사춘기 나이건만
엄마 품을 떠나와

누구를 기다리다가
나처럼 다 늙었누

골프 공

공이 내가 늙어서
삐딱하게 가는가

아하! 힘을 줬구나
이또한 노욕이니

작은 것 큰 것 할 것 없이
욕심을 버려야지

사랑 시

그 속에는 모두들
그립고 보고 싶은

애틋한 사랑 얘기
이별의 슬픈 사연

읽고 또 읽어 보아도
싫지 않네 왜일까

뭐든 하나만

소중히 여기다가
더 예쁘고 좋은 거

구입을 하게 되면
소중 했던 그것은

곁에서 멀어지거나
절로 없어지더라

행복

넷쪽 눈이 즐겁고
넷쪽 귀도 즐겁고

두쪽 입도 즐겁고
두 몸도 건강하여

두 마음 편안하다면
행복한 것이겠지

나이테

나이를 먹을수록
빠르게 자라나는

머리카락, 손톱은
잘라주면 되지만

얼굴은 지울 수 없는
말 그대로 나이테네

버릇

아들아 내 아들아
성품이나 인품은

물려받는 것이니
좋지 않는 습성은

뿌리째 뽑아버려라
내 손자가 못 보게

세월이 약인 것을

빚쟁이가 돼 보니
몸과 맘이 괴롭고

사는게 지옥 같아
계속 밤이 됐으면

하는 맘 뿐이었지만
세월가니 되더라

무언의 소통

서로간에 통하고
좋아하는 사람은

말을하지 않아도
옆에만 있어줘도

마음이 편안한 하고
지루하지 않더라

시골 생활

가을의 마당에는
단감 대추 단석류

식탁에도 사과와
찐고구마 삶은밤

체중계 늘 찡그리며
무겁다 무겁다고

갈바람

나뭇잎 한들한들
갈바람 불어오니

얼굴을 스치우는
감미로운 촉감이

그대의 젊었던 시절
곱던 머릿결 같네.

노을에 젖어

죽을힘 쏟아부어
늦꽃을 피운 사랑

지친 노을 이지만
감미롭게 느끼며

조용한 행복이라고
미소 지으렵니다

가을 장미

늦가을 외롭게 핀
연분홍빛 장미야

너도 꽃 단장 하고
손님을 가다리냐

깨끗한 옷차림으로
미소 짓는 것처럼

자랑

친구 같은 아내가
늘 옆에 같이 있고

자식들과 손주 여덟
모두모두 건강하고

식당도 손님이 많고
맛집도 자주 가고

즐거움 연구

그대 표정 즐겁고
행복해 하는것이

나의 큰 행복이니
또 다른 즐검으로

기쁘게 해 주고싶어
나름 연구 한다네

입춘

글자만 읽어봐도
보문호 휘늘어진

눈꽃 같은 벚꽃이
날 오라 부르는 듯

마음은 늙지 아니하고
보문을 서성이네

박물관

좋은 세상 살면서
무지로 살았는데

숨어있던 인류의
역사를 알게해 준

박물관 관람으로인해
많은 것을 느꼈네

별 나라

슬픔의 눈물인가
고독의 눈물인가

옛시절 그리움이
애잔한 빗물 되어

가슴을 젖게 하구나
별에서 만나리라

어린 손주

아무리 곱디고운
양귀비 꽃이라도

아이 꽃만 하리오
볼 수록 예쁜 꽃은

싫증이 아니 나는 꽃
손자 손녀 꽃이네

오학년 손자

고것 참 희한하네
아들 판박이지만

이리보고 저리보니
울아배도 닮았네

할비는 돌맹이였지만
너는 보석 같구나

노년의 행복은

맛있는 음식 먹고
뱃속이 편했다면

멋진 것 구경하고
기분이 좋았다면

스스로 걸어 다니며
모든 것 즐겼다면

참회의 삶

행복 찾아 헤매며
젊음을 다 보내고

사십 중반 늦은 삶
악물고 살았더니

행복은 내 가정 속에
잠 자고 있었더라

꽃의 매력

멋쟁이 꽃이지만
향기가 없는 꽃은

아쉬움을 남기고
조금 덜 예쁘지만

향기가 좋은 꽃을 보면
이름을 알고 싶네

봄아 봄아!

기다리는 봄아야
어느새 내 연식은

따뜻한 네 모습이
자꾸만 보구잡네

추우면 다리 시리고
우울키 때문이야

매꽃은 웃는데

매화야 넌 해마다
변함이 없건마는

쉬 늙은 나의 몸은
너히가 부럽고나

나도야 남은 생이나마
즐거이 살려하네

아련한 추억

서늘한 가을 아침
따스름한 손길이

쭈그러진 얼굴을
쓰다듬듯 스치니

어릴적 곱던 엄마의
따스한 손길 인 듯

꿈같은 일

경동맥이 막힌 듯
귓속이 늘 퍽 퍽

선물용 사십오도
한병을 다 마시고

죽었다 깨어나 보니
큰 고민 가고 없네

어진 사람

친구는 늙었어도
인향이 가득하여

속으로 감탄하며
늘 본 받고 싶지만

아무나 안 되는 것을
난 턱도 없는 것을

경주 남산 돌 부처

노을진 서산 아래
서성이는 늙은 나

비맞은 돌 부처의
미소띤 얼굴처럼

쭈글한 모습이지만
그 얼굴 닮고 싶소

아름다운 세상

지난날 아픔들은
추억으로 남기고

노래하며 꿀 따는
벌처럼 일을하며

꿀 묻은 친구 벌들과
하늘도 날아 보고

내 고향 맑은 물

어릴적도 멱 감고
신혼 때도 멱 감고

붕어 잡아 회 먹던
기계천 맑은 물은

고향을 떠나 가더니
다시는 아니 오네

길기않은 삶

세월 것인 지구에
소풍온 걸 모르고

몇백년 살 것처럼
일만 하던 개미는

대퇴골 통증 때문에
후회만 가득할 뿐

늙지 않는 장미

심은지 사십 여년
예쁜 꽃 피웠길레

가까이 가 봤더니
향기를 듬뿍 주네

너무도 사랑스럽다
나는 다 늙었는데

고맙소

다 닳아 쓸모 없는
몽땅연필 찾아다

볼펜 대 끼워 넣고
아무렇지 않는 듯

써 주는 시든 꽃이지만
향기가 나더이다

긴 나이

이제는
길지 않고
짧은 것이 좋더라

잔소리도
인사 말도
여행도 가까운 곳

글들도
암기력 부족으로
짧은 글만 본다네

낙심

내가 저 할미꽃을
끝까지 사랑으로

보살피려 했건만
다리가 고장나서

도리어 보호를 받는
한심한 꼴이 됐네

나홀로 일터

일하다 피곤하면
내 방에 누워 쉬고

에어컨 난로 있고
90에도 할 수 있는

이 좋은 일터를 좋은 줄
모르고 살아 왔네

부부가 절친으로

젊은 나이 때에는
사랑으로 살았고

노년에는 정으로
서로를 배려하며

절친한 친구가 되니
더없는 행복이네

백년해로

가정생활 이 또한
작품이라 여기며

사랑을 가득 담아
맘 편하게 한다면

약속한 백년해로의
성공작이 되리라

사십 중반의 포효

혹독한 이 시련을
만약에 견딘다면

이것은 소설같은
실화의 주인공이

세상을
살아가는 거나
다를 바 없으리라

희망의 시

화마가 태워버린
민둥 산 숯더미에

기적처럼 하얗게
송이가 돋는 듯한

기쁨과 희망을 주는
그런 시가 없을까

어디에 놔 뒀지

할배가 날 찾는데
입이 없어 답답하네

나중에 쓴다 더니
까마귀를 닮았나

기억은 통 빵점이네
답답한 이할배야

위장이 하는 말

보이소 이 늙은이야
나도 이젠 늙었는데

독한 약을 아침 저녁
한 움큼씩 집어 넣고

술까지 집어 넣으니
당신이 사람인가

호랑이 꼬리

호미곶 십오만평
노오란 유채꽃밭

장사진을 이루어
감탄하는 목소리

별천지 무릉도원인 듯
가슴 뛰게 하더라

서울 여행 기차에서

중학 땐 귀엽다고
사탕도 받았는데

어느새 쪼글쪼글
거울보기 민망하네

그 천사 여고생 누나
정말로 예뻤는데

은은한 기쁨

온 힘을 쏟아부어
늦꽃을 피웠어라

노을에 핀 꽃이니
미소로 보살피며

은은한 내음에 젖어
늘 취해 있으련다

봄은 왔건만

하이얀 벚꽃으로
단장한 대한나라

꽃천지 나라인데
일벌들 싸움으로

텅텅 빈 꿀 단지 안에
울림 소리 슬퍼라

자연 미인 울 며늘이

힘들어 번 돈으로
철철이 옷 사주고

화장품도 사주고
용돈도 많이 주고

맛나는 빵도 늘 사오고
정말 정말 고맙네

가을 녘의 단상

| 발행일_ 2025. 10. 28
| 인쇄일_ 2025. 10. 28

| 지은이_ 이협우
| 펴낸곳_ 제이비(JB)
| 주   소_ 전주시 덕진구 석소로 9-4(인후동)
| 전   화_ 063-902-6886
| 이메일_ jb9428@daum.net

값 12,000원
ISBN 979-11-92141-59-6

| 파본은 구입하신 서점이나 출판사에서 교환해 드립니다.
| 이 책은 저작권법에 의해 보호를 받는 저작물이므로 무단전재와 복제를 금합니다.